À nos amis de France,
M. C.-N.


Loi 49 956 du 16 juillet 1949 sur les publications destinées à la jeunesse
Dépôt légal : second semestre 1998 - N° d'édition : 11 347 - ISBN : 2-226-09156-4
Imprimé et relié en France par Pollina s.a., n° 74940

Mariana Cojan-Negulesco

# UN AMOUR BON COMME LE SEL

Illustrations de Pierre Mornet

Albin Michel Jeunesse

L'EMPEREUR ROUGE AVAIT PERDU SON ÉPOUSE TRÈS JEUNE ; il faisait de son mieux pour élever ses trois filles qu'il aimait plus que tout au monde. Très attentionnées à son égard, ses filles essayaient de combler le vide laissé par la disparition de leur mère.

Le temps passait ainsi. Elles devenaient de grandes et jolies jeunes filles. Un matin, alors qu'elles déjeunaient avec leur père, l'idée vint à l'empereur de leur demander comment était l'amour qu'elles éprouvaient pour lui. Il s'adressa d'abord à la plus âgée :

– Dis, mon aînée, je sais ton amour pour moi. Tu me le prouves d'ailleurs chaque jour, mais j'aimerais bien savoir à quoi tu penses quand tu dis que tu m'aimes ?

– Oh, mon père, je pense au miel, car mon amour pour vous est aussi doux que le miel, répondit-elle aussitôt.

– Sois bénie, ma fille. Et toi, ma chérie ? demanda-t-il à la cadette.

– Pour moi, père, balbutia-t-elle tout en jetant un regard furtif sur la table, il est doux comme… le sucre !

– Parfait, je vois ainsi que vous m'aimez très fort. Voyons maintenant ce que nous dit notre benjamine !

La plus jeune des filles de l'empereur rougit d'émotion à l'idée que son père daigne lui accorder la parole.

– Père, mon amour pour vous ressemble au sel que l'on met dans les plats cuisinés, répondit-elle immédiatement, tout en baissant les yeux avec timidité.

Un lourd silence enveloppa ses mots qui restèrent comme suspendus à un fil. Elle voulut s'expliquer, mais sa bouche se figea car, levant les yeux, elle aperçut le regard courroucé de son père.

– Ai-je dit quelque chose d'offensant ? murmura-t-elle d'une voix perdue.

Pouffant de rire, ses deux sœurs aînées se regardèrent avec complicité tandis que les sourcils du père prenaient une courbe menaçante. L'empereur Rouge devait en effet son surnom au seul défaut qu'on lui connaissait : il entrait parfois dans des colères qui dépassaient la raison.

– Quel sot compliment ! gronda-t-il. Je vais te montrer, effrontée que tu es ! N'as-tu pas entendu par quelles merveilleuses images tes sœurs ont su dire leur attachement envers ce vieux père qui vous aime tant ? J'ai le sentiment que tu ne sais ni ne veux me respecter ! Quitte immédiatement ma cour pour aller là où l'amour est doux comme le sel, fille ingrate !

– Oh mon père, chuchota-t-elle toute confuse, permettez-moi de vous expliquer. Mon amour n'est ni plus ni moins grand que celui de mes sœurs et je pensais que la saveur du sel n'était ni meilleure ni moins bonne que celle du miel et du sucre puisque...

– Écoutez-la s'obstiner encore dans son insolence ! Elle a l'audace de m'expliquer ! Mettez-la à la porte ! cria-t-il à ses serviteurs.

Alors que ceux-ci s'apprêtaient à la jeter dehors, ses sœurs tentèrent un geste d'apaisement ; mais, maladroites, elles ne firent qu'attiser la colère de l'empereur.

À peine eut-elle le temps de prendre quelques effets que la plus jeune des filles de l'empereur Rouge se retrouva hors des murs du palais.

Elle changea rapidement de vêtements afin de se rendre méconnaissable et marcha,

jour et nuit, de village en village, en quête d'un emploi. Les uns lui donnaient de quoi manger, les autres lui proposaient de dormir dans l'écurie ou dans la porcherie.

L'empereur, ayant laissé sa colère s'apaiser, voulut retrouver son enfant. Mais ses recherches furent vaines.

Après plusieurs semaines d'errance, la jeune fille s'arrêta devant les portes d'un grand palais, aussi imposant sinon davantage que celui de son père. L'intendante, l'apercevant tout en loques devant la porte, lui demanda ce qu'elle voulait.

– Je suis orpheline et j'ai besoin d'un travail, même pénible, répondit la jeune fille.

« Cette petite infortunée ne manque pas de courage », pensa l'intendante qui désira tout de suite savoir combien elle voulait être payée.

– Je ne réclame rien maintenant. Je me mettrai d'abord au travail et si vous considérez que je mérite d'être payée, vous me rembourserez mon effort, dit-elle.

Le seigneur de cette contrée, l'empereur Vert, était parti avec sa troupe guerroyer contre un roi voisin et l'intendante manquait terriblement de gens à tout faire. Elle se réjouit d'avoir rencontré une personne si raisonnable et la prit auprès d'elle pour aider au nettoyage des nombreuses resserres du palais. Afin de l'éprouver, elle lui confia

un lourd trousseau de clés sans lui donner de plus amples explications.

Mais la jeune fille était aussi intelligente que modeste. Elle commença par frotter et ranger armoires et buffets. Partout où elle passait, régnaient l'ordre et la propreté.

La voyant appliquée et minutieuse, l'intendante lui confia bientôt des tâches ménagères plus délicates. Et la jeune fille non seulement les accomplissait à merveille, mais semblait aimer se rendre utile et agréable. Elle adorait faire des confitures et des sorbets, des brioches et des gâteaux ; ses doigts couraient, habiles, sur la broderie. À la tombée de la nuit, lorsqu'elle achevait son travail, elle ne s'attardait pas pour bavarder en compagnie des autres serviteurs, mais prenait un livre et s'isolait.

Bientôt le palais tout entier parla d'elle et de ses qualités, son nom revenait sans cesse dans les conversations. Intriguée, la maîtresse des lieux voulut la connaître.

Dès qu'elle lui fut présentée, l'impératrice apprécia sa franchise et ses belles manières. Bien qu'ignorant tout de ses origines, elle la choisit pour être sa servante. Tout ce que la jeune fille faisait convenait à l'impératrice qui, bientôt, lui demanda de l'accompagner partout. Elle n'avait qu'un fils et cela faisait un certain temps déjà qu'il était parti à la guerre avec son père. Aussi commença-t-elle à la chérir.

Petit à petit, on avait oublié qu'elle s'était présentée, un jour, arrivant on ne sait d'où, en haillons, aux portes du palais.

Trois années passèrent.

Un beau matin, un messager annonça la victoire de l'empereur Vert ; la nouvelle se

répandit dans le palais comme une traînée de lumière, réchauffant le cœur de tous, du plus haut personnage au plus humble des gens de la cour. On engagea les préparatifs pour accueillir noblement l'empereur victorieux et son fils. Mais au dernier moment, un second messager prévint l'impératrice que le jeune prince venait d'être grièvement blessé dans une embuscade, sur le chemin du retour. Les fêtes furent annulées.

Jour et nuit, la mère veillait au chevet de son fils souffrant. Elle refusait que quiconque l'approchât. Pourtant, après une longue nuit, épuisée, elle dut entendre raison et confia les soins de son fils à la jeune servante.

Douce et prévenante, celle-ci sut apaiser les souffrances du jeune homme et lui rendre la joie de vivre. Le prince ne tarda pas à tomber amoureux. Secrètement, elle l'avait aimé dès le premier jour !

Un matin de printemps, alors qu'il se promenait en compagnie de sa mère, le prince complètement rétabli lui dit :

– Je pense, mère, que le temps est venu pour moi de fonder un foyer. Que diriez-vous si je vous annonçais, d'ores et déjà, qui mon cœur a choisi ?

– Je ne demanderais pas mieux, mon cher fils, s'exclama l'impératrice, joyeuse. Cela m'éviterait une fastidieuse tournée des cours royales afin d'y découvrir la plus ravissante des demoiselles, aux qualités dignes de toi !

– Vous n'aurez pas besoin d'aller la chercher, mère, car je l'ai déjà trouvée ! s'écria le jeune homme, les joues en flammes.

Lorsque l'impératrice sut de qui il s'agissait, elle se réjouit silencieusement de ce choix. Comme elle aimait son fils plus que tout au monde, elle se chargea d'en parler à son époux car elle redoutait un refus.

Contrairement à sa crainte, l'empereur Vert consentit au mariage ; il savait que la noblesse de l'âme vaut amplement celle d'une haute naissance.

Après les fiançailles, des noces magnifiques s'organisèrent. Lorsqu'ils établirent la liste des invités, la future mariée insista pour qu'on y inscrive un certain empereur Rouge, qu'elle disait connaître depuis longtemps. Ravie de la rendre heureuse, sa nouvelle famille n'y vit pas d'inconvénient.

Le grand jour arriva. Après la cérémonie, vint le repas de noce. Bien que gênée dans ses mouvements par sa somptueuse robe toute brodée de perles, la jeune mariée s'affaira longtemps en cuisines.

Elle concentra son attention sur quelques plats particuliers. Ensuite, elle donna des instructions précises pour que ces plats soient réservés à l'empereur inconnu, celui-là même qu'elle avait personnellement invité au repas de noce.

Tous les convives mangeaient et buvaient bon train…

L'empereur Rouge essayait de manger, mais il avait étrangement perdu l'appétit. Les mets ne lui semblaient pas savoureux, ou plutôt il leur manquait quelque chose, mais il ne trouvait pas quoi. Il tenta de boire pour stimuler son palais, mais le vin était si liquoreux qu'il faillit s'étouffer.

Un de ses voisins de table observa, non sans surprise, que les valets enlevaient ses assiettes presque intactes, les unes après les autres. « Serait-il souffrant ? » songea-t-il sans pour autant oser l'interroger.

Ne connaissant personne parmi les invités, l'empereur Rouge regarda longuement la belle mariée car il avait la vague impression de l'avoir déjà vue. Ensuite, il balaya du regard la grande table, richement servie, contemplant, silencieux, la joie des convives. Chacun se régalait, riait, festoyait…

Ne sachant plus que penser, il s'inquiéta auprès de son voisin de gauche :

– Appréciez-vous le repas ?

Ce dernier s'exclama :

– Et comment ! Cela fait longtemps que je n'ai dégusté de mets aussi fins !

L'empereur, de plus en plus surpris, lui demanda la permission de goûter à son assiette. Il trouva les mets savoureux. Il prit ensuite dans l'assiette de son voisin de droite et but une goutte de vin dans son verre.

Son étonnement se changea aussitôt en colère. Ne pouvant plus se retenir, il se leva brusquement, le visage cramoisi, les mains tremblantes. Le bruit des conversations tomba. Il apostropha alors violemment l'empereur Vert, son hôte :

– Vous me conviez à la noce de votre fils pour m'humilier !

– Loin de moi une pareille intention, cher ami !

– Comment se fait-il, alors, que tous les plats soient délicieux et les miens immangeables ? Que le vin soit excellent et le mien si mauvais ?

L'empereur Vert regarda en direction de son épouse pour obtenir une réponse. Il lut sur son visage une immense stupeur ; tous les invités retenaient leur souffle. L'empereur ordonna que le chef cuisinier se présente devant lui. Mais pendant que tous fixaient la porte, inquiets de la scène qui allait se dérouler, on entendit une voix claire mais ferme dire que les mets de ce convive n'avaient pas été préparés par le chef.

La mariée, radieuse, tout de blanc vêtue, s'était levée sans bruit. Posément, elle annonça qu'elle était la seule responsable de ces désagréments.

– Je voudrais remercier mes beaux-parents et mon cher époux de la confiance dont ils ont fait preuve en me permettant d'inviter un étranger à mes noces. L'empereur Rouge est mon père et c'est à juste titre qu'il est irrité. En effet, j'ai veillé personnellement à ce que les plats qu'on lui serve soient préparés uniquement avec du miel et du sucre. Même la salière qui se trouve sur sa table contient du sucre ! Ainsi, plus il veut saler ses plats, plus il les rend sucrés !

L'assistance poussa un cri de surprise.

Sous le regard bouleversé et honteux du vieil empereur, la jeune fille raconta son histoire. Elle termina ainsi :

– J'ai voulu donner à mon père la preuve que mon amour pour lui était et reste aussi sincère et vrai que celui de mes sœurs aînées ; que cet amour est aussi bon que le sel qui donne leur saveur aux plats. Et même si l'on ne peut le manger séparément, comme le miel et le sucre, le sel est irremplaçable !

Confuse d'avoir si longuement parlé, la princesse regarda cependant son père avec franchise. Les invités étaient émus. Elle soupira et reprit :

– Autrefois il a refusé que je m'explique. J'ai tenté aujourd'hui de lui faire comprendre combien profond et durable est mon amour pour lui.

Reconnaissant son erreur, l'empereur Rouge se leva et alla embrasser sa fille, implorant son pardon pour le mal qu'il lui avait infligé.

La fête reprit de plus belle. Il se peut qu'elle ait duré longtemps… Tout ce que je sais, c'est que la jeune mariée retrouva ensuite ses deux sœurs, qu'elle les invita souvent dans son palais et vécut ainsi, heureuse, aux côtés de son charmant époux…

Dans la même collection :

LES QUATRE FILS DE LA TERRE
Jacques Cassabois - Daniel Maja

LES DEUX MOITIÉS DE RÊVE
Jean-Pierre Kerloc'h - Olivier Latyk

COMMENT LES FLEURS VINRENT AUX GENÊTS
Christian Léourier - Charlotte Mollet

SIX CAILLOUX BLANCS SUR UN FIL
Cécile Gagnon - Natalie Fortier

LA MONTAGNE AUX TROIS QUESTIONS
Béatrice Tanaka - Chen Jiang Hong

L'OMBRE DU CHASSEUR
François Place - Philippe Poirier

LA DANSE DU LOUP
Patrick Mosconi - Pierre-Olivier Leclercq

**Mariana Cojan-Negulesco** a, pendant longtemps, appris aux enfants roumains à aimer la langue et la culture française. Elle tente aujourd'hui de nous faire découvrir, en retour, les trésors de la tradition littéraire roumaine, à commencer par les contes... Enseignante, traductrice-interprète et auteur de nombreux livres roumains, elle a publié pour les enfants des contes racontés en français : *Contes des Carpates* (L'Harmattan, 1996), *La Jeune Fille plus sage que le juge* (Albin Michel Jeunesse, 1997).

**Pierre Mornet** est un jeune illustrateur qui manie les pinceaux avec finesse. Il a publié *Prisonnière du tableau !* (Gérard Moncomble, 1997) aux éditions Nathan, et bien d'autres livres chez Syros, Le Seuil, Hatier, Gallimard et Larousse. On retrouve également ses dessins dans la presse : *Télérama*, *Libération*, *Jalouse*, *Les Inrockuptibles*...